Gerd Roellecke

Gleichheit in der Industriegesellschaft

SCHRIFTENREIHE
DER JURISTISCHEN GESELLSCHAFT e.V.
BERLIN

Heft 65

W
DE
G

1980

DE GRUYTER · BERLIN · NEW YORK

Gleichheit in der Industriegesellschaft

Von

Gerd Roellecke

Vortrag
gehalten vor der
Berliner Juristischen Gesellschaft
am 23. April 1980

W
DE
G

1980

DE GRUYTER · BERLIN · NEW YORK

Dr. jur. Gerd Roellecke
o. Professor für öffentliches Recht und Rechtsphilosophie
an der Universität Mannheim

CIP-Kurztitelaufnahme der Deutschen Bibliothek

Roellecke, Gerd:
Gleichheit in der Industriegesellschaft : Vortrag gehalten vor d. Berliner Jur. Ges. am 23. April 1980 / von Gerd Roellecke. – Berlin, New York : de Gruyter, 1980.
(Schriftenreihe der Juristischen Gesellschaft e. V. Berlin; H. 65)
ISBN 3-11-008506-2

Der Fall der Arbeiter im Weinberg des Herrn gilt der Theologie als besonders eindrucksvolles Zeugnis der göttlichen Gerechtigkeit, die Gnade und Tat ist, vor der alle Christen gleich sind und die quer zu irdischen Gerechtigkeitsvorstellungen liegt. In diesem Sinne wird das Gleichnis auch in der Rechtsphilosophie erörtert. Gustav Radbruch[1] meint, in ihm schöben „Güte und Gnade mit einer großen Handbewegung die Frage nach Recht und Gerechtigkeit weit von sich". Und Martin Kriele[2] läßt das Verhalten des Herrn jenseits des Wortsinnes von „Gerechtigkeit" liegen.

Ob diese Verweisung der Entscheidung des Herrn in das Reich göttlicher Willkür theologisch zu halten ist, kann ich nicht beurteilen. Rechtsphilosophisch ist sie jedenfalls fragwürdig. Denn auf eine Klage der ersten Arbeiter im Weinberg wegen höheren Lohnes müßte jeder Amtsrichter dem lieben Gott Recht geben.

Überlegen wir: Der Herr hatte am Morgen Arbeiter um einen Denar, einen Zehner, für den Tag gedungen. Am späten Vormittag, um die Mittagszeit und am Frühnachmittag weitere, denen er aber nur sagte: Ich will Euch geben, was recht ist[3]. Am Abend erhielt jeder Arbeiter einen Zehner. Wenn man berücksichtigt, daß die kontinuierlichen Arbeiten meist von Sklaven geleistet wurden, dann hat der Herr mit den ersten Arbeitern einen Dienstvertrag im Sinne des § 611 BGB geschlossen, das heißt, einen Vertrag über eine kurzfristige, relativ selbständige Gelegenheitsarbeit, keinen Arbeitsvertrag, der unter Umständen eine der Leistung entsprechende Entlohnung gebieten könnte[4].

---

[1] Rechtsphilosophie, 4. Aufl. Stuttgart 1950, S. 192; gleichsinnig Karl Engisch, Auf der Suche nach der Gerechtigkeit, München 1971, S. 167 f.

[2] Kriterien der Gerechtigkeit. Zum Problem des rechtsphilosophischen und politischen Relativismus, Berlin 1963, S. 46, 51.

[3] Matthäus 20, 1–16.

[4] Zum Gleichbehandlungsgrundsatz im Arbeitsrecht vgl. Arthur Nikisch, Arbeitsrecht, I. Band, Allgemeine Lehren und Arbeitsvertragsrecht, 3. Aufl. Tübingen 1961, § 37, bes. S. 500.

6

Selbstverständlich wollte Jesus mit dem Gleichnis nicht zwischen
Dienstvertrag und Arbeitsvertrag unterscheiden, wie die Anwendung moderner Vertragstypen auf seine Zeit überhaupt problematisch ist. Aber auch wenn man die Niederungen der privatkapitali-
stischen Vertragsfreiheit verläßt und sich auf die Ebene des Sozial-
staates begibt, wäre eine Klage der ersten Weinbergarbeiter unbe-
gründet. Zur Zeit Jesu war ein Denar, ein Zehner, nicht nur der üb-
liche Tageslohn. Er galt auch als das Existenzminimum für eine
sechsköpfige Familie[5]. Der Herr des Weinberges hat den später ge-
dungenen Arbeitern also nur gegeben, was nach § 11 Abs. 1 des
Bundessozialhilfegesetzes recht ist.

Im Fall der Arbeiter im Weinberg steckt demnach ein Problem,
das sich abstrakt so formulieren läßt: Wie verhält sich die allgemeine
Menschengleichheit, die Würde des Menschen, wie es in § 1 Abs. 2
BSHG heißt, zu den unendlich vielen Differenzierungen nach Ge-
schlecht, Alter, Leistung und Aufgabe, etwa zum ,,Grundsatz der
funktionsgerechten Besoldung", wie es in § 18 des Bundesbesol-
dungsgesetzes heißt? Daß die Rechtsphilosophie diese Frage in das
Reich göttlicher Willkür verweist, ist nicht selbst-, sondern so
schwerverständlich, daß wir zunächst untersuchen müssen, wie es
zu der Verweisung gekommen ist. Dabei wird sich etwas Schlimmes
zeigen. In unserer hochindustrialisierten Gesellschaft, die auf Ar-
beitsteilung, das heißt, auf Ungleichbehandlung aufbaut, kann man
nach dem derzeitigen Stande der rechtsphilosophischen Diskussion
nicht nur Ungleichbehandlung nicht mehr rechtfertigen, man kann
über Gleichheit und Ungleichheit nicht einmal mehr vernünftig re-
den. Im zweiten Teil meiner Überlegungen werde ich deshalb ver-
suchen, das Prinzip zu nennen, das eine vernünftige Diskussion
über gleich und ungleich überhaupt ermöglicht.

I.

Das Gleichnis von den Arbeitern im Weinberg war ein Protest,
ein Angriff auf das griechisch-römische Gerechtigkeitsideal, das
wesentlich durch Aristoteles geprägt war.

Für Aristoteles war Gerechtigkeit eine Tugend, Gleichbehandlung ihr beherrschendes Prinzip und Proportionalität ihr Wesen[6].

---

[5] Heinz Schröder, Jesus und das Geld. Wirtschaftskommentar zum Neuen Te-
stament, Karlsruhe 1979, S. 13 ff., 98.
[6] Vgl. Nikomachische Ethik V 3, 5, 6, 7.

Die Verhältnismäßigkeit aber hing von den bestehenden Verhältnissen ab, wie Aristoteles selbst klar gesehen hat[7]. Die Gerechtigkeitslehre des Aristoteles lief deshalb darauf hinaus, die jeweilige äußere Ordnung der Ungleichheit zu verinnerlichen. Als tugendhaft, als gerecht galt, wer der äußeren Ordnung entsprechend handelte und seinen sozialen Status erkennbar akzeptierte[8]. Gegen diese Verschmelzung von moralischem Urteil und sozialem Status wehrt sich das Christentum, und man wird sagen müssen: nicht ohne Erfolg.

Gewiß, wie alle Bewegungen, die den Gleichheitssatz politisch verwenden, erlag auch das Christentum bald dem Druck zu sozialer Differenzierung. Herrschaft ohne soziale Ungleichheit gibt es nicht. Deshalb war auch das Christentum gezwungen, soziale Ungleichheit zu stabilisieren, das heißt: theoretisch zu rechtfertigen, als es Staatsreligion geworden war. Dabei knüpfte es natürlich an antike Überlieferung an. Aber an die Stelle von Tradition und Institution (Natur) tritt für das Christentum Gottes Wille, und der erlaubte es, den Gedanken der Gleichheit aller Christen und den der Ungleichheit in der Gesellschaft zu vereinbaren. Absolut gleich waren alle vor Gott, im Reich des Himmels, ungleich im Jammertal der Erde. Aber noch der Erdenwandel lag in Gottes Hand, war auf Gottes Willen bezogen. Leid, Armut und Ungerechtigkeit waren die Prüfungen, die der Christ zu bestehen hatte, ehe er durch das Tor des ewigen Friedens gehen konnte[9]. Trotz sozialer Ungleichheit konnte so die gleiche Würde aller Christen aufrechterhalten werden, ein Gedanke, der im System des Aristoteles undenkbar ist und der sich auch politisch ausgewirkt hat. Die vielen Reformen der Kirche wurden von Bewegungen angestoßen, vor allem von Mönchsorden, welche die christliche Gleichheit zu verwirklichen suchten. Erinnert sei an die Franziskaner, die Zisterzienser und nicht zuletzt an Martin Luther: „Denn alle Christen sind wahrhaft geistlichen Standes, und ist unter ihnen kein Unterschied"[10].

---

[7] Nikomachische Ethik V 10; Politik 1255 a (Rechtfertigung der Sklaverei).

[8] Politik 1280 a: „So scheint das Recht in der Gleichheit zu bestehen, und es besteht auch wirklich darin, aber nicht unter allen, sondern nur unter den Gleichen, denn ebensogut gilt auch die Ungleichheit für Recht und ist es auch, aber wieder nur eben nicht unter allen, sondern nur unter den Ungleichen".

[9] Vgl. vor allem Aurelius Augustinus, Vom Gottesstaat, 19. Buch, 17. Kapitel.

[10] An den christlichen Adel deutscher Nation von des christlichen Standes Besserung, in: D. Martin Luthers Werke, Kritische Gesamtausgabe, 6. Band Weimar 1888, S. 379, 407.

Luthers Verkündung des allgemeinen Priestertums aller Christen warf freilich eine bedrängende Frage auf. Wenn alle Christen als echte Christen schon hienieden gleich sind, welcher Mensch ist dann berechtigt, über andere zu herrschen? Theologisch: keiner. Also mußten Herrschaft und soziale Ungleichheit innerweltlich gerechtfertigt, das heißt, aus der göttlichen Weltordnung gelöst und zu Menschenwerk erklärt werden. Die Rechtfertigung sozialer Ungleichheit wurde zu einem säkularen Problem. Theoretisch boten sich zwei Lösungen an. Man konnte soziale Ungleichheit einmal als Mangelerscheinung und zum anderen als Verbesserungschance interpretieren. Den ersten Weg wählte eine Konzeption, die ich Selbstüberwindungstheorie, den zweiten Weg wählte eine Konzeption, die ich Selbstbestätigungstheorie nennen möchte.

Die Selbstüberwindungstheorie verlegte die Ungleichheit aus der göttlichen Schöpfungsordnung über den Verschiebebahnhof „Natur" in den Menschen und interpretierte sie dort als Habsucht und Egoismus[11]. Das war einmal eine plausible Synthese des Weinberg-Gleichnisses mit der aristotelischen Tugendlehre: Ungleichheit erschien als Konsequenz der Untugend, der Sünde, für die als Beispiel die Habsucht des Eigentums stand[12]. Das ermöglichte zum anderen eine Erklärung aller sozialen Mißstände und ließ auf ihre Überwindung hoffen. Wenn und soweit die Menschen ihre Habsucht und ihren Egoismus aufgeben: sich selbst überwinden, kann soziale Gleichheit verwirklicht werden[13]. Wird sie verwirklicht, so sind alle Konflikte zwischen Menschen ausgeschlossen und dann steht der ewige Friede unmittelbar bevor, ein Friede, der nicht auf Unterscheidungen zu verzichten braucht, in dem aber sämtliche

[11] Repräsentativ: Rousseau, Über den Ursprung der Ungleichheit unter den Menschen, in: Über Kunst und Wissenschaft. Über den Ursprung der Ungleichheit unter den Menschen, zweisprachige Ausgabe mit Einleitung, Übersetzung und Anmerkungen von Kurt Weigand, Hamburg 1955, bes. S. 213; dazu Gerd Roellecke, Der Begriff des positiven Gesetzes und das Grundgesetz, Mainz 1969, S. 60 ff.

[12] Das Eigentum als solches war auch für Rousseau nicht der Grund der Ungleichheit wie Ralf Dahrendorf, Über den Ursprung der Ungleichheit unter den Menschen, Tübingen 1961, S. 10 f., anscheinend meint.

[13] Vgl. Rousseau, Contrat social, 1. Buch, 6. Kapitel: „Alle diese Klauseln lassen sich ... auf eine einzige zurückführen, nämlich auf das gänzliche Aufgehen jedes Gesellschaftsgliedes mit allen seinen Rechten in der Gesamtheit, denn indem sich jeder ganz hingibt, so ist das Verhältnis zunächst für alle gleich, und weil das Verhältnis für alle gleich ist, hat niemand ein Interesse daran, es den anderen drückend zu machen".

Unterscheidungen durch den gemeinsamen Willen aller Beteiligten gerechtfertigt sind.

Ihre reifste und geistvollste Ausprägung hat diese Konzeption in Kants[14] kategorischem Imperativ gefunden: „Handle so, daß die Maxime deines Willens jederzeit zugleich als Prinzip einer allgemeinen Gesetzgebung gelten könnte". Diese Fassung des Gleichheitssatzes schien in der Tat alle Probleme im Verhältnis von Gleichheit und Ungleichheit durch eine geniale Verschmelzung von Innen und Außen zu lösen. Der kategorische Imperativ trägt das Gleichheitsurteil dem Individuum auf. Er ernennt es gleichsam zum politischen Souverän. Bei jedem praktischen Handeln nicht an sich, sondern an alle zu denken, das war sonst Aufgabe des Fürsten. Das Gleichheitsurteil zu fällen, war außerdem als moralische Aufgabe ein Akt der Selbstachtung, der gegen Enttäuschungen weitgehend gefeit war. Da das Gleichheitsurteil immer als Verallgemeinerung eigener Handlungen, das heißt, als Verlängerung eines ohnehin vertrauten Handlungsbereiches abzugeben war, mußte es durchweg plausibel erscheinen. Kein Wunder, daß die Rechtsphilosophie das Problem, welche *Rechts*ansprüche den Arbeitern im Weinberg zustanden, aus dem Recht verweist. Auch nach Kant muß die gleiche Entlohnung ungleicher Arbeitsleistungen gegen das moralische Gesetz verstoßen, weil sie nicht verallgemeinerungsfähig scheint: sie hebt die Möglichkeit freiwilliger, aber fremdbestimmter Arbeit auf[15] und ist eigentlich ein Verteilungsprinzip für Sklaven oder – Götter.

Aber so unleugbar die subjektive Befriedigung ist, die das Verallgemeinerungsprinzip gewährt, so zwingend ist die Begründung dafür, daß diese Befriedigung auf einer Täuschung beruht. Hegel[16] hat sie bereits vorgetragen. Die Gegenstände, auf welche sich die Verallgemeinerung bezieht, sind unterschieden. Diese Unterscheidungen kann die Verallgemeinerung nicht aufheben. Sie kann die Gegenstände nur nach ganz oberflächlichen und äußerlichen Kriterien zusammenbinden. Angesichts der Verschiedenheit der Gegen-

---

[14] Kritik der praktischen Vernunft, A 219 f., A 223 f.

[15] Zur praktischen Anwendung des kategorischen Imperativs vgl. das Depositum-Beispiel bei Kant, Kritik der praktischen Vernunft, A 49.

[16] Über die wissenschaftlichen Behandlungsarten des Naturrechts, seine Stelle in der praktischen Philosophie und sein Verhältnis zu den positiven Rechtswissenschaften, Jenaer Schriften 1801–1807, Theorie Werkausgabe Suhrkamp Verlag, Frankfurt a. M. 1970, Band 2, S. 434, 461 ff.

stände stößt das Prinzip schnell auf Grenzen und auf endlose Widersprüche. Hegel[17] beantwortet auch die Frage, warum es trotzdem wirksam geworden ist: „Diesem Widersprechen der Bestimmtheiten wird allerdings bei einer Anschauung durch Festsetzen oder Festhalten an einzelnen Bestimmtheiten abgeholfen und ein Ende gemacht, als wodurch eine Entscheidung erfolgen kann, was noch immer besser ist als daß keine erfolgt".

In jüngster Zeit geht man deshalb mit dem Verallgemeinerungsprinzip vorsichtiger um. In einer bemerkenswerten Arbeit über „Gehalt und Funktionen des allgemeinen verfassungsrechtlichen Gleichheitssatzes"[18] bestätigt Adalbert Podlech Hegels Ansicht, der Gleichheitssatz sei ein praktisch gehaltsleerer Satz, weil er nichts ausschließe. Podlech meint aber, trotzdem könne man ihn nicht einfach streichen. Da der Gleichheitssatz nicht gebiete, alle Personen in jeder Hinsicht gleich zu behandeln, könne er nur dahin verstanden werden, daß alle Personen gleich behandelt werden sollen, wenn kein zureichender Grund für ihre Ungleichbehandlung vorliege. Die Gleichbehandlung bedarf also keiner Begründung, die Ungleichbehandlung jedoch der spezifischen Rechtfertigung. Wer ungleich behandelt, trägt die „Argumentationslast". Die Gleichheit wird so zur Basis von Unterscheidungen. Sie ist zwar leer, soll aber die Diskussion von Ungleichbehandlungen ermöglichen. Diese Konzeption trägt auf der einen Seite der sozialen Ungleichheit Rechnung und scheint auf der anderen Seite jede Willkür auszuschließen. Eine richtige Entscheidung kann nur entweder gleich oder begründet ungleich behandeln.

Die Frage ist aber: Wann ist eine Ungleichbehandlung begründet? Kann man nicht alles begründen, auch das Gegenteil? Wegen einer Antwort verweist Podlech auf „die für Argumentationen im Grundrechtsbereich ausreichende Plausibilität"[19]. Ob das die verfassungsdogmatisch richtige Antwort ist, lasse ich offen. Theoretisch befriedigt sie jedenfalls nicht. Plausibilität ist gegen das gleich/ungleich-Schema immun. Wenn Podlechs „Argumentationslastregel" von der Plausibilität abhängt, dann ist immer schon entschieden, was als gleich und was als ungleich zu gelten hat, ehe man überhaupt auf den Gleichheitssatz zu sprechen kommt, und dann kann die Berufung auf den Gleichheitssatz immer nur die je-

---

[17] A. a. O. S. 484.
[18] Berlin 1971, bes. S. 77 ff.
[19] Podlech, a. a. O. S. 87.

weils vorherrschenden Ansichten bekräftigen. Unter dem Aspekt der Gleichheit haben diese Ansichten keine andere Beglaubigung als die, daß der einzelne sich ihnen unterwirft, womit man wieder bei der Überwindung des Egoismus ist.

Die zweite Konzeption, die Selbstbestätigungstheorie, klammert die Frage nach den Gründen für die Überwindung des Egoismus von vornherein aus. Wie, das hat am besten einer ihrer originellsten Vertreter, der englische Arzt Bernard de Mandeville (1670–1733)[20] in seiner Bienenfabel gezeigt, die den paradoxen Untertitel trägt: „Der Einzelnen Laster, des Ganzen Gewinn". Diesen Untertitel hat Mandeville zwar vor allem gewählt, um Aufmerksamkeit zu erregen. Aber hinter der Paradoxie steckt ein Sachproblem.

Mandeville ging es um nicht weniger als um den „Ursprung der Sittlichkeit". Da Gott nicht mehr als Schöpfer und Erhalter der sozialen Ordnung gedacht werden konnte, mußte die soziale Ordnung auf den Menschen zurückgeführt werden, und zwar auf den „Menschen im Naturzustande und ohne Kenntnis des wahren Gottes"[21], also ohne durch Gnade begründete Tugend. Den Menschen kann die Tugend, die Rücksicht auf das allgemeine Beste, auch nicht angeboren sein. Dafür sind sie und die Urteile über das allgemeine Beste zu verschieden. Im Naturzustand hat der Mensch nur ein Ziel, seinen Begierden zu folgen. Zu diesen Begierden gehört aber eine, die den Menschen regierbar macht: die soziale Anerkennung. Niemand ist so roh, „daß er nicht an Lob Gefallen fände, und niemand so verworfen, daß er Verachtung geduldig ertrüge". Also buhlt jeder um soziale Anerkennung und unterwirft sich deren Bedingungen bis zur Selbstverleugnung. Das gilt auch für die Regierenden, die mit Recht schließen, „die Schmeichelei müsse das machtvollste Werkzeug sein, um auf menschliche Wesen einwirken zu können"[22]. Deshalb machen sie soziale Anerkennung von der Einhaltung von Normen abhängig, die ihnen nützen. Im Verkehr der Menschen untereinander schmeichelt aus diesem Grunde jeder nach Kräften jedem. Jeder erkennt den anderen an, um selbst anerkannt zu werden. Weil sie der Befriedigung von Begierden dient, ist die Schmeichelei natürlich heuchlerisch: ein Laster. Aber durch sie

---

[20] Deutsch: Mandevilles Bienenfabel, herausgegeben von Otto Bobertag, München 1914; zum Untertitel vgl. S. 372.

[21] Bienenfabel S. 26, 33 f.

[22] Bienenfabel S. 29.

zivilisieren sich die Menschen gegenseitig: das gemeine Beste gewinnt.

Die Selbstbestätigungstheorie nimmt also die Menschen so, wie sie sind, und beginnt und endet nicht mit der Forderung nach ihrer Besserung. Deshalb konnte die Selbstüberwindungstheorie die Rolle der Moral in der Selbstbestätigungstheorie nicht nur nicht verstehen, sondern gar nicht erst sehen. Eine auf das Selbst des Menschen zurückbezogene Begründung der Moral mußte – und muß – allen Theorien als doppelbödig erscheinen, die Moral gerade als Selbstüberwindung verstehen und darin das Kriterium des ,,Allgemeinen'' sehen.

In Wahrheit versteht Mandeville Moral durchaus im herkömmlichen Sinn als gegenseitige Achtung auf der Basis der Gleichheit[23]: Jeder schmeichelt jedem. Nur entlastet er das Moralproblem von der Frage, wer Moral gestiftet habe. Denn der Rückgriff auf den Egoismus oder das Selbsterhaltungsmotiv hat einen Doppelsinn. Mandeville meinte natürlich wirkliche Motivationsstrukturen. Aber er kann die Motivation ,,Eigeninteresse'' allüberall entdecken. Das zeigt den anderen Sinn des Rückgriffs: die Neutralisierung der Motivationsfrage. Der Egoismus als Motiv ist so unbestimmt, daß er dazu zwingt, nach sozial anerkannten Einrichtungen und Handlungsweisen zu fragen und diese nach ihrer sozialen Funktion und nicht nach ihrer Bedeutung für den konkreten einzelnen zu bestimmen. Auf diese Weise kann die Institutionsabhängigkeit der Moral gezeigt und die abstrakte Gleichheit mit sozialen Unterscheidungen verbunden werden, eine Betrachtungsweise, die sich insbesondere in den Wirtschaftswissenschaften als fruchtbar erwiesen hat. Dem Verfasser der ,,Theory of Moral Sentiments'' Adam Smith[24] gelang es, durch Ausklammerung eben dieser ,,moralischen Gefühle'' die Ordnung der Wirtschaft so zu isolieren, daß er sie als System beschreiben und erforschen konnte. Seine Nachwelt nahm freilich die Methode für die Sache. Deshalb mußten die institutio-

---

[23] Deshalb versteht er auch nicht, warum ihm seine Kritiker Unmoral vorwerfen; vgl. seine Erwiderung auf die Kritik Berkeleys, Bienenfabel S. 349.

[24] Der Wohlstand der Nationen (1776), deutsch von Horst Claus Recktenwald, München 1978 (dtv-Dünndruck), S. 17: ,,Nicht vom Wohlwollen des Metzgers, Brauers oder Bäckers erwarten wir das, was wir zum Essen brauchen, sondern davon, daß sie ihre eigenen Interessen wahrnehmen. Wir wenden uns nicht an ihre Menschen-, sondern an ihre Eigenliebe''.

nellen Bedingungen der Motivierung wirtschaftlichen Handelns erst wieder entdeckt werden[25].

Die Mandeville'sche Konzeption enthält allerdings eine Schwäche. Sie thematisiert nicht die Inhalte der sozialen Ordnung, sondern setzt sie als gegeben voraus. Damit klammert sie nicht nur die Frage der Verbindlichkeit von Unterschieden aus, sondern auch die Differenzierung und Veränderung der Ordnung selbst. Wenn jeder jedem auf der Basis geltender Normen schmeichelt, dann wird unerklärlich, was den Bestand an Normen wie beeinflussen könnte. Denkbar bleibt allenfalls eine gradlinige Entwicklung zum immer Besseren. Dabei ist das Bessere nichts als die Projektion der jeweils bestehenden Erwartungen in die Zukunft, so daß der Mensch – gleichgültig was geschieht – stets in der besten aller möglichen Welten lebt, stets in der Hoffnung auf unendlichen Reichtum. Was fehlt, ist die Grenze, ist jener Faktor, der die Bäume nicht in den Himmel wachsen läßt.

Diesen Faktor nennt Niklas Luhmann[26] „Komplexität". Komplexität beruht auf dem einfachen Gedanken, daß die möglichen Beziehungen zwischen den Elementen eines Systems mit der Zunahme der Elemente sehr schnell so weit steigen, daß sie unbestimmbar werden und deshalb unter anderen Gesichtspunkten als denen der Elemente ausgewählt werden müssen. So werden Auswahlvorgänge (Selektivitäten) zum Grundproblem sozialer Beziehungen. Ein Auswahlaspekt ist die Moral[27]. Moral bestimmt die wechselseitige Unbestimmbarkeit des Handelns von Personen, die zueinander in Beziehung treten, durch Vereinfachung auf eine Ich/Du-Beziehung, die wir gegenseitige Achtung nennen. Achtung ist das „Ansehen der Person". Aber: „Solches ‚Ansehen der Person' ist um so erträglicher, wenn im Gegenzug dazu im Recht das Richten ohne Ansehen der Person und die Gleichheit vor dem Gesetz institutionalisiert sind."

Luhmann sieht den „Ursprung der Sittlichkeit" also wie Mandeville in der „Schmeichelei", aber mit einem wichtigen Unterschied:

[25] Vgl. Talcott Parsons, Die Motivierung wirtschaftlichen Handelns, in: derselbe, Beiträge zur soziologischen Theorie, herausgegeben und eingeleitet von Dietrich Rüschemeyer, 2. Aufl. Neuwied und Berlin 1968, S. 136 f.

[26] Komplexität, in: Niklas Luhmann, Soziologische Aufklärung 2, Opladen 1975, S. 204 ff.

[27] Niklas Luhmann, Soziologie der Moral, in: Niklas Luhmann/Stephan H. Pfürtner, Theorietechnik und Moral, Frankfurt a. M. 1978, S. 8 ff. Die wörtlichen Zitate finden sich auf den Seiten 46, 48, 51.

Moral und Recht werden differenziert. Die eine Gleichheit muß so zweimal auftreten. Einmal in der Form der personbezogenen und insofern an der allgemeinen Menschengleichheit orientierten Achtung, zum anderen als Strukturprinzip des Rechtes. Als Strukturprinzip des Rechtes hat Luhmann[28] die ,,Gleichheit vor dem Gesetz" als ,,gleich/ungleich-Schema" beschrieben, das ,,als bestimmt geartetes Schema der Frage nach einem zureichenden Grund dient", scheinbar also mit dem gleichen Ergebnis, das Podlech später auf anderem Wege erreicht hat: Die Gleichheit bedarf keiner Begründung, die Ungleichbehandlung jedoch der spezifischen Rechtfertigung. In Wahrheit unterscheiden sich die Ergebnisse durch den Ansatz. Bei Podlech ist Gleichheit Voraussetzung der Kommunikation. Ungleichbehandlung wird deshalb zur ,,Argumentationslast", zu einer Defizienzform der Gleichbehandlung. Bei Luhmann dagegen erscheint die Gleichheit als Chance, sich über die notwendigen Differenzierungen in der Welt zu verständigen.

Auch die Selbstbestätigungstheorie beantwortet freilich nicht die Frage: Wann ist etwas als gleich und wann als ungleich zu behandeln? Gerade auf diese Frage kommt es aber an. Der einzelne befindet sich immer in der Position der Ungleichheit – der Bevorzugung oder der Benachteiligung – und er möchte wissen, ob er sich auf die Bevorzugung verlassen kann oder sich auf die Benachteiligung einrichten muß. Die Selbstbestätigungstheorie verweist ihn an die anderen, und wie die argumentieren werden, weiß man. Wenn sie oben sitzen, werden sie sich auf die Ungleichheit, wenn sie unten stehen, auf die Gleichheit berufen.

Im Prozeß ,,Gleichbehandlung gegen Ungleichbehandlung" muß die Ungleichbehandlung aber letztlich stets verlieren, weniger, weil man eine abstrakte Argumentationslast nach dem Prinzip des Kannitverstan immer untragbar machen kann, und mehr, weil sich die Selbstverständlichkeit der Gleichbehandlung aus dem moralischen Prinzip der gegenseitigen Achtung ergibt, Ungleichbehandlung also stets Achtung in Frage stellen und damit in die Nähe des Unmoralischen rücken muß. Diese Nähe zum Unmoralischen ist für die Ungleichbehandlung ein Handicap, das argumentativ prinzipiell nicht ausgeglichen werden kann, weil Diskussion gleiche gegenseitige Achtung voraussetzt.

---

[28] Grundrechte als Institution, 2. Aufl. Berlin 1974, S. 162 ff., 169.

Die politischen Auswirkungen dieser Diskussionslage zeigen sich am deutlichsten in der Bildungspolitik, wo Selektionsdruck und das Prinzip der Achtung des Menschen als Menschen am unmittelbarsten aufeinandertreffen. Die „Chancengleichheit im Bildungswesen" geht so weit, daß einzelne Universitäten zur Einheitsnote „sehr gut" tendieren und daß das Bundesverfassungsgericht[29] die Selektion beim Hochschulzugang lieber dem blinden Zufall, dem Los, statt Menschen überläßt, die wenigstens auf einem Auge sehen.

Das heißt selbstverständlich nicht, daß heute nicht ungleich behandelt wird. Nicht einmal alle „hochschulreifen Staatsbürger" können Verwaltungsgerichtspräsidenten, Schuldirektoren und Klinikchefs werden, von den „hochschulunreifen Staatsbürgern" ganz zu schweigen. Aber die Ungleichbehandlung kann nicht mehr offen diskutiert, begründet und gerechtfertigt werden. Deshalb zieht man Selektionsverfahren vor, die Begründungen erübrigen, wie das Los, die Abstimmung und den Computer.

Die soziale Funktion dieser Verfahren ist leicht zu erkennen. Sie trennen Ausleseentscheidung und Achtungsprinzip, indem sie die Auslesekriterien hochgradig formalisieren, das heißt, gegen die Individuen vergleichgültigen. Das macht die Entscheidung für die Entscheider und die Betroffenen unendlich viel leichter. Wer durchfällt, war nicht dumm oder faul; er hat beim Glücksspiel verloren, und das kann jedem passieren. Nur kann die Entpersönlichung nicht erklären, warum es gerecht ist, daß ein Blinder nicht Polier, ein Tauber nicht Dirigent und ein Einarmiger nicht Zahnarzt werden kann. Die Entpersönlichung der Ausleseentscheidung kann die Ungleichbehandlung nach dem Maßstab der optimalen Erfüllung arbeitsteiliger Aufgaben nicht rechtfertigen.

II.

Wenn wir die Gerechtigkeit in der arbeitsteiligen Industriegesellschaft wiedergewinnen wollen – und damit komme ich zum zweiten Teil meiner Überlegungen –, können wir nicht an Aristoteles, Augustinus oder Kant, sondern nur an den derzeitigen Stand der Diskussion anknüpfen. Dieser Stand ist durch drei Prinzipien gekennzeichnet.

---

[29] Vgl. BVerfGE 43 S. 291, 324 ff.

1. Seit Luthers Verkündung des allgemeinen Priestertums haben sich die Merkmale, nach denen wir Personen unterscheiden, grundsätzlich gewandelt. Bis Luther konnte man davon ausgehen, daß Gott jeden Menschen mit den Merkmalen austattete, die er zur Erfüllung seiner gesellschaftlichen Funktionen benötigte. Seit Luther müssen wir davon ausgehen, daß die Unterscheidungsmerkmale von den Personen gelöst und übertragbar – mobil – geworden sind. Um Landesbischof zu werden, bedarf es nicht mehr der adligen Abstammung oder der Gnade Gottes, sondern des Studiums der Theologie und zu dem ist prinzipiell jeder zugelassen.

2. Gleichbehandlung ist die Ablösung der Unterscheidungsmerkmale von Personen im Wege der Abstraktion. Diese Abstraktion besteht in der Abdunkelung persönlicher Merkmale. Smith's „Egoismus" als Prinzip des Wettbewerbes zeigt das am deutlichsten. Er klammert alle anderen Motivationen aus. Bei Luhmann und Podlech wird erkennbar, worin die Abdunkelung besteht: im Schweigen, darin, daß niemand darüber spricht und niemand widerspricht.

3. Übertragen werden die Unterscheidungsmerkmale auf dem Rücken der wechselseitigen Achtung. Die Unterscheidungsmerkmale sind zwar nicht Bedingungen des Achtungserwerbs oder -verlustes. Aber ihre Übertragung setzt wechselseitige Achtung voraus, weil die Merkmale nicht ins schlechthin Unbestimmte, positive Merkmale beispielsweise nicht auf einen von vornherein „Unwürdigen" fallen dürfen. Insofern muß die Moral einen Teil der Funktionen ersetzen, die früher der Stand, der personengebundene Status erfüllte.

Gleichheit in der Industriegesellschaft heißt also: Alle Menschen sind gleich. Aber wir müssen zwischen ihnen unterscheiden. Die Unterscheidungsmerkmale können wir jedoch weder der Natur noch Gottes Willen entnehmen. Philosophisch sind die Versuche, die Menschen nach Erbanlagen, Rassen oder Klassen zu unterscheiden, Rückfälle in die Zeit vor Luther, nur ohne das Korrektiv der Tradition. Der Widerspruch zwischen allgemeiner Menschengleichheit und der Notwendigkeit, zwischen Menschen zu unterscheiden, kann nur künstlich aufgehoben werden: durch die Regelung der Übertragung von Unterscheidungsmerkmalen. Die Methode einer solchen Regelung ist klar: Sie muß persönliche Merkmale möglichst weitgehend ausblenden oder abdunkeln. Deshalb kann sie nur als Auswahl, als Selektion, begriffen werden: als

Zuordnung objektiver, allgemein bestimmter Merkmale zu einzelnen Individuen. Und die Frage ist allein, wie die Selektion angesichts der Offenheit der Verhältnisse begründet werden kann.

Auf diese Frage denkt man mit den Arbeitern im Weinberg sofort
an das Leistungsprinzip. Was erscheint gerechter, als begehrte Posi-
tionen und Güter – um die anderen braucht man sich ohnehin nicht
zu kümmern – nach Leistung zu verteilen? Entspricht nicht gerade
das Leistungsprinzip der Notwendigkeit, Individuen mobile Unterscheidungsmerkmale zuzuordnen? Die Diskussion um den Lei-
stungsbegriff hat jedoch gelehrt, daß das Leistungsprinzip viel zu
wenig Gesichtspunkte evoziert, als daß es die Komplexität der
Auswahl, ihrer Voraussetzungen, ihres Verfahrens und ihrer Folgen widerspiegeln könnte. Niklas Luhmann[30] hat treffend darauf
hingewiesen, daß die Begründungskraft des Leistungsprinzips
mindestens von dreierlei abhängt: von der funktionalen Differenzierung in einer Gesellschaft, von der Möglichkeit, Leistungsmerkmale relativ zu isolieren und dadurch übertragbar zu machen,
und von den Gründen, welche die Beliebigkeit kontingenter Ver-
knüpfungen einschränken (Wertungen, Zurechnungen und Sicher-
heiten). Solange diese Bedingungen nicht gegeben sind, kann das
Leistungsprinzip nicht als allgemeines Gerechtigkeitsprinzip gelten, weil es keinen Anfang und kein Ende hat. Justus Möser[31] hat
ganz recht: ,,Ich wenigstens würde, belohnt oder unbelohnt, nie in
dem Staate bleiben, worin man es zur Regel gemacht hätte, alle Ehre
einzig und allein dem Verdienste zuzuwenden. Belohnt würde ich
nicht das Herz gehabt haben, einem Freunde unter die Augen zu
gehen, aus Furcht, ihn zu sehr zu demütigen; und unbelohnt würde
ich in einer Art von öffentlicher Beschimpfung gelebt haben, weil
ein jeder von mir gesagt haben würde: Der Mann hat keine Verdienste‘‘.

Indessen gibt es eine Möglichkeit, das Leistungsprinzip institu-
tionell zu begrenzen und doch seine Unterscheidungskraft zu nut-
zen: den Wettbewerb. Wenn man nicht bei der bloßen Forderung,
Ungleichbehandlungen müßten begründet werden, stehen bleiben
kann, weil sich prinzipiell alles begründen läßt und man deshalb
wenigstens Begründungsansätze nennen muß, und wenn man die
schlichte Setzung (oder auch die Tradition) irgendwelcher Regeln

---

[30] Rechtssoziologie 2, Reinbek bei Hamburg 1972, S. 308.
[31] Patriotische Phantasien II, XL.

nicht als ausreichenden Ansatz betrachten kann, weil es Setzungen gibt – beispielsweise den Befehl zur Liquidation der Juden –, über die man nicht ohne Verletzung der eigenen Identität ex ante diskutieren kann, dann ist der Wettbewerb die einzige Möglichkeit, Ungleichbehandlungen zu begründen, das heißt: Unterscheidungen aus der allgemeinen Ordnung an die Individuen plausibel zu vermitteln. Was der Wettbewerb für die Begründung von Ungleichbehandlungen zu leisten vermag, will ich an einem berühmten Fall[32] diskutieren.

Als die Griechen den gefallen Patroklos bestattet hatten, veranstalteten sie zu seinen Ehren Leichenspiele, unter anderem ein Wagenrennen, an dem fünf Helden teilnahmen: Eumelos, der wagenkundigste, Diomedes mit Pferden, die er dem Aineias geraubt hat, Menelaos, ein Sproß des Zeus, Antilochos, der schlechte Pferde, aber den guten Rat seines Vaters Nestor hat, und schließlich Meriones, dessen Pferde sich durch schöne Mähnen auszeichnen. Der wagenkundige Eumelos, der beste Fahrer, stürzt, weil Athenaia ihm das Pferdejoch zerbricht. Blutend zieht er als letzter selbst seinen Wagen ins Ziel. Diomedes mit den Heldenpferden wird erster. Antilochos, der Gerissene, kommt als zweiter ein, Menelaos als dritter, obwohl er Sproß des Zeus ist, und Meriones abgeschlagen als vierter. Bei der Preisverteilung spricht der edle Achill dem Diomedes, der als erster eingekommen ist, auch den ersten Preis zu. Den zweiten Preis will er jedoch dem Eumelos gewähren, der zwar letzter war, aber der wagenkundigste ist. Dagegen protestiert Antilochos. Aber auch er erhält zunächst nicht den zweiten Preis. Menelaos, der Sproß des Zeus, macht geltend, Antilochos habe ihn unfair behindert. Erst als Antilochos das zugibt und sich entschuldigt, tritt ihm Menelaos großmütig den zweiten Preis ab.

Was lehrt dieser Wettkampf? Zunächst etwas Schwieriges. Die Preisverteilung richtet sich nicht nur nach der Wettkampfleistung. Die Leistungsmerkmale werden nicht ganz von den persönlichen Qualitäten der Wettbewerber gelöst. Der Rang der Personen und ihre bisherigen Verdienste beeinflussen offenkundig das Ergebnis, am deutlichsten im Fall des fairen Verlierers Eumelos. Deshalb erscheint die Preisverteilung problematisch. Das Entscheidende ist aber: man kann darüber diskutieren. Es gibt Anhaltspunkte für Begründungen. Achill kann nicht einfach nach seinen hochmorali-

---

[32] Homer, Ilias, XXIII. Gesang.

schen Präferenzen entscheiden. Der Protest des Antilochos muß diskutiert werden, weil jeder gesehen hat, daß er als zweiter das Ziel erreicht hatte. Und jeder konnte es sehen, weil der Wettbewerb die Entscheidungskriterien so vereinfacht hatte, daß sich jeder Zuschauer selbst ein Urteil bilden konnte. Der Wettbewerb reduziert die Komplexität der Leistungsbedingungen also so stark, daß eine rationale Diskussion möglich wird.

Zweitens lehrt das Wagenrennen, was die Vereinfachung bewirkt: die Ungewißheit über den Ausgang des Rennens. Das Rennen wäre sinnlos gewesen, wenn von vornherein festgestanden hätte, wer gewinnt. Unter dem Gesichtswinkel des Sieges waren vielmehr am Start alle gleich, wenn man auch ahnt, daß Meriones mit seinen „schönmähnigen" Pferden das Rennen nicht machen wird. Die Wettbewerbsbedingungen schalten alle Umstände, die sonst für das Ansehen eines Helden erheblich sind, aus der Diskussion um die Preisverteilung aus und lassen nur die Umstände als relevant erscheinen, die nach dem Start eingetreten sind. Scheidelinie ist die dunkle Ungewißheit über den Ausgang des Rennens: die Chancengleichheit. Chancengleichheit im Wettbewerb ist ein Unterfall der echten, frag- und sprachlosen Gleichheit, nämlich die Unmöglichkeit, die spätere konkrete Unterscheidung vorauszusehen. Podlech[33] verkennt das Wesen des Wettbewerbes, wenn er zwar richtig feststellt, Wettbewerbssituationen seien nicht beschreibbar, aber daraus folgert, ihre Bewertung könne nicht rational begründet werden. Die rationale Bewertung der Ausgangssituation eines Wettbewerbes besteht vielmehr darin, die Bedingungen, unter denen die Beteiligten starten, so weit anzunähern, daß man nicht mehr plausibel voraussagen kann, wer gewinnt; sie besteht darin, Einflüsse und Vorgaben auszuschalten, die unter dem Aspekt der beabsichtigten Unterscheidungen unerheblich sein sollen, und nicht darin, alle denkbaren Gründe für die Unterscheidungen anzugeben; sie besteht im Negieren, nicht im Beschreiben. Und genau diese Negation ermöglicht Begründungen.

Das Wagenrennen lehrt noch ein Drittes: Der Wettbewerb verlangt Moral. Man lese einmal nach, wie der gerissene Antilochos den Menelaos, den Zeus-Sproß, behindert hat:

„ ‚Antilochos! Unverständig fährst du! Halte zurück die Pferde!

---

[33] Oben Fußnote 18, S. 215.

Denn eng ist der Weg: bald kannst du an breiterer Stelle vorbei-
gehn.
Daß du nicht beide beschädigst, wenn du mit dem Wagen an-
stößt!'
So sprach er. Antilochos aber trieb sogar noch viel stärker,
Sie anspornend mit dem Stachel, und glich einem, der nicht hörte.
Und so weit die Strecke eines Diskus reicht, aus der Schulter ge-
worfen,
Den ein rüstiger Mann entsandt hat, seine Jugend erprobend:
So weit liefen sie voran, die aber fielen zurück nach hinten,
Die des Atreus-Sohnes, denn selbst ließ er freiwillig nach, sie an-
zutreiben,
Daß nicht auf dem Weg die einhufigen Pferde zusammenstießen
Und die gutgeflochteten Wagen umwarfen, und sie selber
Niederfielen in den Staub, sich nach dem Siege drängend.''
Menelaos bietet dem Antilochos also eine Fairneß-Regel an: Er
will ihn an breiterer Stelle vorbeiziehen lassen, aber zuerst in den
Hohlweg einfahren. Als Antilochos das Angebot nicht annimmt,
läßt Menelaos es nicht darauf ankommen, sondern zügelt seine Ros-
se. Er ist wirklich der Klügere, der nachgibt, der den Sieg im Wettbewerb nicht überschätzt, sondern ihn richtig in die gesamte Ordnung einzuordnen weiß. Menelaos nimmt im Kampf Rücksicht.
Dieses Verhalten ist deshalb eine moralische Leistung, weil es noch
bei der freigegebenen und erwünschten Durchsetzung eigener Ziele
und Bestrebungen die Achtung vor der Person des anderen
aufrechterhält. Und diese moralische Leistung verlangt jeder Wettbewerb, auch der wirtschaftliche. Der ehrbare Kaufmann ruiniert
seinen Konkurrenten nicht. Natürlich gibt es unanständige Kauf-
leute, und natürlich gibt es viele Gründe, ehrbar zu sein. Aber was
besagt das? Doch nur, daß von den Bedingungen der Kontrollfunk-
tion des Wettbewerbes abstrahiert und das Achtungsprinzip in leere
Höhen verabsolutiert wird. Wenn Moral die Gleichzeitigkeit von
Selbstverwirklichung und Achtung der Person des anderen ist, dann
ist die Konfliktsituation, wie sie im Wettbewerb institutionalisiert
ist, die moralische Situation schlechthin. Den anderen zu respektie-
ren, wenn es keine Interessenkollisionen mit ihm gibt, ist eigentlich
keine moralische Leistung, sondern eher ein Indiz für die Abwe-
senheit von Agressionen.
Schließlich lehrt das Wagenrennen: Der Wettbewerb macht sich
nicht von selbst. Die Bedingungen, unter denen seine Rationalität

und seine Moral wirksam werden können, müssen künstlich herge-
stellt werden, indem Erfolgskriterien benannt, alle Umstände, die
den Erfolg vorhersehbar machen, ausgeschaltet und die Bedingungen durch Einschaltung Dritter, etwa eines Publikums, nach außen
abgestützt werden. Mit der Organisation des Wettbewerbes müssen
also genau die Fragen beantwortet werden, die Luhmann an das
Leistungsprinzip gestellt hat. Außerhalb eines institutionellen
Rahmens gibt es keinen Wettbewerb. Das erklärt auch, warum das
geltende Recht den ersten Arbeitern im Weinberg nur den verein-
barten Lohn gewährt. Für den Leistungsvergleich fehlt es am institutionellen Rahmen. Deshalb gilt Vertragsfreiheit. Ist der institu-
tionelle Rahmen aber gegeben, so ist Wettbewerb der einzige Weg,
Ungleichbehandlungen vernünftig zu rechtfertigen.

Derselbe Umstand, der die Gerechtigkeit des Wettbewerbes begründet: die relative Isolierung und die Künstlichkeit seiner Bedingungen, scheint ihn freilich als allgemeines Gerechtigkeitsprinzip
unbrauchbar zu machen. Richtig ist, daß Unterscheidungen wider-
spruchsfrei nur innerhalb des Systems „Wettbewerb" gerechtfertigt werden können. Aber Rechtfertigung ist weniger ein Problem
des Widerspruchs und mehr eines der Möglichkeit, Ungleichbehandlungen überhaupt verbindlich zu begründen. Wenn mit einer
Ungleichbehandlung die Frage nach dem zureichenden Grund gestellt ist, dann fehlt ein Prinzip, das die Diskussion darüber struktu-
riert, welche Gründe zureichen und welche nicht. Ich meine, daß
der Wettbewerb dieses Prinzip ist. Weil er die einzige Möglichkeit
ist, Ungleichbehandlungen systemintern optimal zu rechtfertigen,
kann auch nur er die Basis für die Rechtfertigung externer Ungleichbehandlungen sein. Eine solche Basisfunktion kann der
Wettbewerb ausfüllen, weil er vor allem durch drei Umstände mit
dem gesamten Gesellschaftssystem verknüpft ist: durch die Wettbewerbsziele, durch die Chancengleichheit und durch die Sicher-
heit.

Die Wettbewerbsziele beantworten die Frage, warum Leistungen
in concreto überhaupt verglichen werden, warum überhaupt sele-
giert werden soll. Sie sind die jeweilige Funktion des jeweiligen
Wettbewerbes und deshalb aus dem jeweiligen Wettbewerb weder
zu gewinnen noch zu erklären. Sie müssen ihm vorgegeben werden.
Das bedeutet jedoch nicht, daß der Wettbewerb die Bestimmung
der Ziele nicht beeinflußt. Ziel eines Wettbewerbes kann sinnvoll
nur sein, was systemintern verglichen und kontrolliert werden

kann. Deshalb müssen die praktischen Möglichkeiten des Wettbewerbes die Ziele korrigieren. Wettbewerbsziele sind gleichsam die
systemexterne Seite der systeminternen Leistungsmöglichkeiten
und daher vom Wettbewerb aus diskutierbar und kritisierbar.

Der Wettbewerb ermöglicht ferner, zwischen Teilnehmern und
Nichtteilnehmern zu unterscheiden und entsprechende Ungleichbehandlungen zu rechtfertigen: durch das Prinzip der freiwilligen
Teilnahme oder durch am Wettbewerbsprinzip orientierte Vor-
Auswahlen. Die Diskussion der Teilnahmemöglichkeit wird insofern durch den Wettbewerb gesteuert, als sie darauf abzielen muß,
die Startbedingungen der Teilnehmer so weit anzugleichen, daß der
Erfolg ungewiß wird: Chancengleichheit herzustellen. Chancengleichheit bedeutet, daß alle, die keine Chancen haben, bei denen
also – ohne tatsächlichen oder virtuellen Widerspruch – von vornherein feststeht, daß ihnen ein Mißerfolg unter dem Aspekt des
Wettbewerbzieles nicht individuell zugerechnet werden kann, gleichen Schutz und gleiche Fürsorge genießen müssen, damit sie ir-
gendwann am Wettbewerb teilnehmen können. Jugendliche beispielsweise werden bis zur Volljährigkeit ausgebildet und geschützt
und brauchen nicht am wirtschaftlichen Wettbewerb teilzunehmen.

Schließlich muß der Wettbewerbserfolg gesichert sein. Der
Wettbewerb wird sinnlos, wenn der Wettbewerber seinen Erfolg
nicht genießen kann, und die Rechtfertigung der Ungleichheit wird
fragwürdig, wenn sie nicht dauert. Gesichert wird der Erfolg durch
das positive Recht, besonders durch den Eigentumsschutz. Aber
auch die Sicherung des Erfolges kann durch den Wettbewerb struk-
turiert werden. Entscheidend ist, daß der, der im Wettbewerb Erfolg gehabt hat, nur entweder diesen Erfolg in einem neuen Wettbewerb aufs Spiel setzen oder am neuen Wettbewerb nicht teilnehmen kann. Nimmt er an einem neuen Wettbewerb teil, so wird sein
früherer Erfolg unter dem Aspekt der Chancengleichheit diskutierbar und damit relativierbar. Nimmt er am neuen Wettbewerb nicht
teil, so kann er sich zwar einige Zeit auf seinem Erfolg ausruhen,
aber nicht sehr lange. Angesichts der Aufmerksamkeit, die jeder
Wettbewerb beansprucht, und der Gewinne, die er vermittelt, muß
sich im Falle der Nichtteilnahme die Sicherung des Erfolges lockern
und der Erfolg immer kleiner werden, und zwar um so schneller, je
intensiver die Erfolgssicherung in Surrogate für die soziale Anerkennung umgesetzt wird, die an sich mit dem Wettbewerbserfolg
verbunden ist.

III.

Schon die Bedingungen der Teilnahme und die Sicherung des Erfolges zeigen, daß das Wettberwerbsprinzip nicht als absolutes Prinzip der Gerechtigkeit gelten kann. Es können nicht alle Unterscheidungen durch Wettbewerb getroffen werden und der Wettbewerb kann nicht sämtliche Unterscheidungen rechtfertigen. Aber darin besteht das Problem der Gleichheit in der Industriegesellschaft auch nicht, sondern darin, einen Ansatz für die Möglichkeit zu finden, Ungleichbehandlungen gegenüber den Betroffenen rational – das heißt, ohne Berufung auf Tradition oder Dezision – zu begründen. Und diesen Ansatz bietet der Wettbewerb. Er vereinfacht Situationen so stark, daß Begründungen möglich werden. Er geht von der dunklen Ungewißheit der Gleichheit aus, löst sie durch unmittelbares Vergleichen auf und vermag so Ungleichbehandlungen auf der Ebene zu rechtfertigen, auf der sich die allgemeine Menschengleichheit breit macht.

Ich weiß, der Wettbewerb steht'heute nicht in besonders gutem Ruf. Es ist auch nicht einfach, faire Wettbewerbsbedingungen zu schaffen. Aber man kann nicht gleichzeitig Natur, Mobilität und Herrschaftsfreiheit haben. Ich sehe jedenfalls kein anderes Prinzip, das Gleichheit und die für eine Industriegesellschaft unerläßliche Mobilität gerechter miteinander vermitteln könnte. Die Alternative zum Wettbewerb scheint mir nicht Gerechtigkeit zu sein, sondern nur entweder Diktatur oder geistige und wirtschaftliche Versteppung.